잘못 든 새가 길을 낸다

강경호 시집

시 와 사 람

국립중앙도서관 출판시도서목록(CIP)

잘못 든 새가 길을 낸다 : 강경호 시집 / 지은이: 강경호.
-- 광주 : 시와사람, 2016
p. ; cm. -- (시와사람 서정시선 ; 048)

ISBN 978-89-5665-460-7 03810 : ₩10000

한국 현대시[韓國現代詩]

811.7-KDC6
895.715-DDC23 CIP2016013793

잘못 든 새가 길을 낸다

■ 자서

새로운 시를 많이 생각했다.

지나고 보니 삶이 내용과 형식이 된다는 것을 믿게 되었다.

부끄러운 자취를 드러내는 것 같아

멋쩍기도 하지만 감추지 않기로 했다.

또 다시 만날 새로운 나에게

실망하지 않을 마음으로 시를 썼다.

강 경 호

| 차례 |

잘못 든 새가 길을 낸다 2

3 아버지의 구두

청색시대 4

| 해설 |

1

사람의 높이

사람의 높이

휘늘어진 앵두나무가지를 쳤다
사람의 손이 닿지 못하는 높이가 되었다
그러자 티벨 벌꾼 같은 누군가가
사다리를 타고 앵두를 따는데
새끼를 거느린 직박구리 한 쌍 날아와
한나절 시위하느라고 봄날이 수선스럽다

앵두나무 아래에선
손을 뻗어도 닿지 않는
사람의 높이가 있다는 걸 모르는
사다리를 치워버렸다.

철없는 복숭아나무

이사 와서 심은 복숭아나무
참 푸지게도 열매 열려
몽유도원도 같다
누군가는 꿈결같은 풍경 앞에서 사진을 찍고
어디선가 날아온 누군가는 맛있게 식사하는데
누군가가 밤새 담장 밖 가지 찢어 놓았다
열이 나 나무 밑동에 톱을 들이댔다가
겨우 씩씩거리는 마음을 진정시켰다
담장 밖으로 가지를 뻗은 나무의 책임이 있어
순진해 빠진 복숭아나무를 각성시키려고
회초리로 종아리 때리듯 잔가지 몇 개 낫으로 쳐버렸다
여름이 지난 후 여지껏 벌을 서고 있는가 바라보니
철딱서니 없는 복숭아나무가
겁없이 담장 밖으로 그늘을 드리우고
더 넓은 품새로 무성해져 있는 것이다.

꽃의 사원

겨울이 지나가자
여기저기에 사원이 들어섰다
개나리꽃 사원이 낮은 옥상에 노랗게 드리우고
울타리 가 하얀 목련꽃 사원이 성전을 드러내자
한때 이교도라고 생각했던 벌과 나비
오래 기도하지 않던 냉담자들이
붕붕대며 팔랑거리며 예배와 미사에 참석한다
이어서 신록의 사원들이 불타오르자
그저 바라보는 것만으로도 기도가 되어
벌이나 새처럼 통성기도를 하지 않아도
고백성사가 될 것 같다
묵은 죄를 사해주실 것 같다
내가 알던 나는 죽고
온 몸에 순결함이 충만한 연둣빛 가지를 벋어
아기손 같은 여린 싹을 틔울 것 같은 날
살아있는 것이면 모두가 세례를 받는다.

가지를 자르다가

이사 다닐 때마다 데불고 다녔던
우리 집안 벅수 같은 석류나무
오랜만에 함부로 자란 가지를 솎아낸다
사다리에 올라가 삭은 가지 휜 가지 꼬인 가지
잘라낼 때마다 찔러대는 건
아직도 팔팔한 성미 때문이 아니다
언제 모진 바람 불어 올 지 모르니
가슴에 비수 하나쯤 가지고 있음이렷다
때로는 참을 수 없는 분노로
온 가슴이 솟이 되어 가지가 삭아내리고
때로는 길을 돌아가야 할 때도 있어
먼 길 꼬아 가기도 했거늘
이제는 누구의 말도 듣지 않을 심사로
오직 시디신 고집이 수많은 길을 하늘에 내느니
참으로 오랜만에 석류나무의 상처와 고집을
싹둑싹둑 잘라내다가
괜한 짓 했다는 생각이 들었다.

적막이 푸르다

어디에서 나타났는지
여름쑥부쟁이 하얀 꽃그늘
온 몸에 초록 페인팅을 한 사마귀 한 마리
조각상처럼 미동도 하지 않은 채
누군가를 기다리고 있다

단란주점과 노래방에 둘러싸인
도심의 작은 숲에 찾아온 것만으로도
눈물겨운데
쌀쌀한 날씨는 저물어가고
거미줄 한 번 흔들리지 않는
날벌레 한 마리 날지 않는 정원에서
두 손에 글러브를 낀 채 주먹 단단히 쥐고
당랑권 품새로 대책없이 누군가를 기다리는
사마귀를 감싸고 있는 공기가 적막하다
언제 끝날 싸움인지도 모르는 기다림과
끈질긴 적막이 푸르다.

나팔꽃과 은방울꽃

은방울꽃 종소리를 들었는지
나팔꽃씨 하나 싹을 틔워
어미 따라다니는 강아지처럼
종소리 나는 곳으로 오른다

소나기 지나간 청명한 아침
부쩍 자란 나팔꽃이
은방울꽃 숨막히게 안아버린다

비비꼬는 나팔꽃의 포옹에
옴싹달싹 못하는 은방울꽃,
나팔꽃이 세레나데를 불어주자
화답하듯 제 안의 뜨거운 기운으로
힘찬 종소리를
딸랑딸랑 들려주는 것이다.

굴뚝새가 살지 않는 집

옛날엔 집도 숨을 쉬었다
아궁이가 들이마신 숨
굴뚝이 받아 폴폴 하얗게 내뱉었다

굴뚝새가 온기를 찾아
굴뚝에 들락거리는
장작불 타오르는 집은
온몸에 뜨거운 핏톨이 돌아
집의 심장에 누워
쌔근쌔근 잠든
우리 일가의 겨울밤을 덥혔다

굴뚝이 사라진 오늘,
폐기종 환자처럼 콜콜거리며
온몸 시퍼래진 고층아파트들,
언제부턴가 굴뚝새의 이름이 낯설다.

가지를 치다

올해에도 가지가 안 열렸다
텃밭이 기름진 탓이다
우람한 근육질의 품새로
영원할 것 같은 젊음을 즐기며
장가갈 줄 모른다
여드름 같은 자줏빛 꽃은 피어내도
아이 나을 생각 않는 가지를 염려하며
가지는 꽃피는 대로 여는 것인데 하시며
어머니께서 잎을 쳐 주셔도 대꾸를 않는다
사십이 되도록 혼자 사는 철없는 자식 바라보듯
따끔하게 가지의 밑동의 껍질을 벗겨도 기별이 없어
혼쭐낼 요량으로 가지의 가지를 쳐 버렸다
그때서야 위급함을 안 가지가
시커멓고 탱탱한 것들을 주렁주렁 매다는 것이다.

식사

언제부턴가 우리집 문앞에
검은색 양장을 한 고양이 한 마리 앉아
불쌍한 척 착한 척
가만히 울고 있었다
울어대는 모양이 하도 가엾어 먹이를 주자
수시로 맛있게 먹고 갔다

어느 날, 똑같이 생긴 검은 고양이 떼가 나타났다
그 동안 순번을 정해 밥을 먹고 갔던 것인데
까맣게 속았던 것,
새끼를 낳느라고 잠시 보이지 않았던
가엾게 울다 사라지던 어미고양이
오늘은 새끼들 모두 데리고 와
허리띠 풀고 식사를 한다

어린 시절 잔칫집에
보리쌀 한 됫박 축의금으로 갖고 가
허기진 육남매 데불고 가던
눈치코치 없던 우리 어머니

수십 년 만에 나타나
어미제비처럼 새끼들 입에 밥을 먹이는 거였다.

무관심한 척

마당에 썩은 생선냄새 같은
똥 퍼질러 놓은 못된 고양이
새끼들까지 끌고 와
죽은 쥐새끼 물어다 놓은
웃지 않는 검은 암코양이
달빛 아래 처마 끝에 앉아
그림자 길게 늘여 내 마음 덮쳤다

한두 해 지나는 동안
밀고 당기던
고양이와 나 사이의 팽팽한 줄 느슨해져
서로를 쳐다보다 외면하는데
오늘은 발자국 죽이며 가다가
눈빛, 서로에게 들켰지만
암코양이는 계단 오르는 척
나는 봄볕의 새싹 들여다보는 척.

장마

철딱서니 없는 누런 고양이 새끼들이
담장 아래 어린 상추를 짓밟아 놓았다
정원 풀밭을 솔솔 기던
감자만한 생쥐도 물어다 놓았다
마파람에 건들거리는 나팔꽃을
무슨 짐승쯤으로 생각했는지
앞발 들고 권투 시늉을 하는 것이다

며칠 동안 장맛비 쏟아지고
정원의 풀들 한 키 넘게 자라도록
한 놈도 보이지 않는다
우산을 쓰고 이층에 올라갈 때
계단 옆구리 비좁은 틈에서
아기들 소리가 들린다
세 놈이 엉겨 장난을 치다가
눈이 딱 마주쳤다
휘둥그러진 눈들이 빤히 내 눈을 바라본다.

건망증

바람이 불자
아나 먹어라
툭, 상수리 몇 개를 떨어뜨리자
다람쥐 한 마리
한참동안 맛있게 식사하고
몇 개를 입에 물고 언덕 위로 올라가
나뭇잎 속에 재빨리 숨긴다

눈 내린 날
먹을 것이 궁한 다람쥐
언덕 위 눈밭을 뒤지다가 그만 둔다
저토록 앙증맞은 것이
숨겨놓은 식량을 찾지 못하다니
쯧쯧, 어린 것이 벌써 건망증이라니,

사람인 나도
책을 읽다가 책장을 넘기면
앞장이 생각나지 않고
어머니는 손에 들고도 찾으신다

사람의 건망증은
사람구실을 못하지만
다람쥐의 건망증은
언덕을 푸르게 한다.

나무의 신발

나무의 신발은
생을 견인하는 바퀴이다
생을 떠 먹여주는 밥이다
그러므로 죽은 자들은 신을 수 없는 것이
신발이다

나무는 쥬스 마시듯
신발을 빨아 마신다
먼 길 가는 사람들처럼
털신 같은 두꺼운 신발 신고
터벅터벅 산을 오른다

공사장 부근에서 발바닥 드러낸 채
나무들이 드러누워 있다
어깻죽지 부러지고
신발은 벗겨졌는데
검은 연기 내뿜는 거대한 포크레인이
으르렁대며 연신 땅을 팔 때마다
맨발의 나무들이 뒤집힌다

한창 마음이 뜨겁던 시절,
목매단 졸병의 차디찬 발에
입김 호호 불며 군화를 신겨준 적이 있다
저승길 발 부릅트지 말라고
알맞은 치수의 군화였다

길을 가다가
뜻하지 않게 생을 다친 나무를 만날 때마다
치수 낭낭한 신발이 떠오른다.

겨울 숲

겨울 숲에 오니 모두가 참회하고 있다
봄부터 가을까지 떠들던 소리
발밑에 수북히 떨구고
바람이 불 적마다
회초리로 제 종아리를 때리고 있다

머리칼 빗느라 한 해를 보내고 만
수양버들은 고개를 숙이고
키 작은 것들의 하늘을 가로 챈
소나무는 허리를 휜 채 괴로워하고 있다

모두가 침묵 피정을 하는
겨울 숲에서
헐벗은 채
대속을 하고 있다.

나무의 침묵

겨울이 오면
나무는 제가 뱉어낸 말들 버리고
벌거숭이가 된다

아기처럼 조심스럽게
부드럽고 연한 신록의 말문을 열었다가
한여름 녹음의 무성한 입담으로
비바람 치는 어둠 속에서 비명도 질렀지만
온몸이 뜨거워진 날
서로에게 건네는 화려한 언어도 한 때,

나무는 겨울이 오면
그동안 내뱉었던 모든 말들 버리고
얼음 같은 침묵 앞에서
할 말을 잊는다.

자벌레

자벌레는 측량하지 않는다
부동산투기를 하지 않는다
묵묵히 길을 간다

오체투지를 하다가
남들 안보는 나무 그늘에서도
허투르게 그냥 걸어가지 않는다

부처를 향해 가지 않으며
천국을 꿈꾸지 않는다
연약한 몸엔 사리 같은 건 없다
헐벗은 지구의 옷
초록색 실로
한 땀 한 땀 바느질 한다.

나팔꽃

한 계절을 손놓아버렸더니
무성한, 정원의 잡초를 뽑다가
아뿔사, 나팔꽃 줄기 잡아당겨버렸다

아침마다 일제히 합창하더니
뿌리 뽑힌 나팔꽃 줄기
감나무 모과나무 가지를 타고
넌출넌출 건너가던 생을 멈추고
내일 피울 둘둘 말은 나팔꽃잎
뾰족한 만년필 촉을 내미는 것이다

어깨 축 늘어지면서도
물줄기 끊긴 줄기가 마지막 힘 모아주는지
며칠 째 사력을 다해
못다 부른 노래의 악보를 적는 것이다

사소한 죽음

갑자기 고양이 한 마리
차에 치어 펄쩍펄쩍 뛰는데
미안한 생각이 들었을지도 모르는 차는
익명의 행렬 속으로 사라진다

죽어가는 줄도 모르고
누군가 내던진 공처럼 튀는
짧은 순간의 지옥을 바라볼 때
핏방울이 비수처럼
사람들 가슴에 튀어박혔을 것이다

경찰도 오지 않고
책임질 사람도 없는 사소한 죽음과,
앰블런스와 경찰이 달려오고
빵소니에 분노하고, 누군가 슬프게 울어주는
죽음의 무게는 어떻게 매겨지는가

한기가 엄습하는 삼복의 아침
축 처진 것을 쓰레기처럼 청소부가 수거해 가고

물기 남은 사소한 죽음의 현장에
아무렇지도 않은 차량들이
행렬을 지어 어디론가로 가고 있다.

봄날의 각성

앵두가 빨갛게 잘 익었다
어디선가 산적 같은 직박구리 두 마리 날아와
기름집에 불난 것처럼 지르는 괴성이
뒤통수를 관통한다
내가 심은 나무인데
무슨 관섭이냐 싶어 쫓아버려도
시끄럽게 위협한다
생각해보니, 앵두는 내게 심심풀이 간식이지만
새에게는 밥이었다
간식과 밥에 대해 생각하다가
밥을 위해 인간과 벌이는 새의 사투가
해고된 늙은 청소부 아줌마들의 시위 같아
앵두나무에서 발을 뺐다.

2

잘못 든 새가 길을 낸다

잘못 든 새가 길을 낸다

한 줄의 시도 못 쓰고 있을 때
길을 잘못 든
지금까지 보지 못한 새 한 마리 날아들었다
놀란 새는 내 관념의 이마를 쪼다가
출구를 찾으려 발버둥 쳤다
책에 부딪혀 깃이 빠지고 상처를 입은
새를 바라보는 동안 고통스러웠다
새는, 이 따위 답답한 서재에서는 못 살아 하며
푸른 하늘과 숲을 그리워하면서도 쉽게 나가지 못했다
두렵고 궁금하고 불량하고 불온하고 전투적인
피투성이가 된 새를 바라보는 동안
나도 피투성이가 되었다
새가 소설집에 부딪치고, 시집에 부딪치고
진화론에 부딪치고, 창조론에 부딪치는 동안
산탄처럼 무수히 많은 새끼를 낳았다
새는 겨우 출구를 찾아 날아가 버렸지만
새가 낳은 수많은 새끼들
내 마음의 서재에 살게 되었다
또다시 잘못 든 새가 그립다.

푸른, 수력발전소

겨울 강물 속에 발 담근 왜가리 한 마리
반신욕을 하는 것이 아니다
수력발전소를 돌리고 있다
발끝을 타고 오르는 차가운 기운을 에너지 삼아
전기를 생산하고 있다

강가에서 달리기를 하며 몸을 푸는
새벽운동을 하는 사람들
헉헉거리며 마스크 밖으로 입김을 내뿜고
한 켠에서는 운동기구에 매달려 몸을 단련하고 있지만,
그들이 생산하는 열기보다 용량이 많은 전기를
가냘프고 연약한 왜가리 한 마리
꽁꽁 언 강물을 뎁히고도 남는 차가운 정신으로
발 끝에서 부리 끝까지 축전하고 있다

電氣는 토스트를 굽고, 찌개를 끓이고
공장을 돌리는 것만 하는 것이 아니다
불처럼 차가운 마음들을 감전시키고,
극한에서도 흐트러지지 않는 정신을 일으킨다.

물

물은 시궁창을 지날 때도
흘러가는 소리 맑다
얼굴 본 적이 없지만 마음은 맑아
시궁창 지나고 나면 속 다 비치는 몸으로
청명한 소리로 흘러가는데

세상과 벽을 쌓고 싶은 마음 굴뚝 같아
산중에서 하룻밤 지낼 때
한밤중 강철 같은 어둠을 뚫고
가문 내 밑바닥에 떨어지는 물소리에
콘크리트 같은 마음이 녹아 흘러내리기도 했다.

고요

흙탕물도 마음이 고요하면
거울이 된다

불의를 거부하는
냉정한 마음의 칼날도
거울이 된다

그러나 흙탕물에 돌을 던지면
성난 흙탕물은 소용돌이가 되고
함부로 쓰는 칼날은
피투성이가 된다.

도마

본시 나는 무른 나무,
예리한 무쇠 칼날 내려쳐도
죽이지 못한다
칼날 수없이 맞아
톱밥이 되어도
쓰러지지 않을 것

칼맞는 일이 밥 먹는 일인
나는 상처투성이지만
칼날 내리칠 때마다 온 몸으로 맞받아친다
칼은 내 부드러운 가슴에 무뎌지고
마침내 쓰러질 것

상처 깊고 쓰라릴수록
사람들은 더운 식탁 차릴 것
뼈 아픈 내 상처 위에
부드러운 꽃잎 피어날 것이다.

눈

눈이 부드럽다고?
눈이 포근하다고?

처음에는 그랬지
짓밟지마라

저 빛나는 殺意
너를 쓰러뜨리리라.

비둘기

사무실 입구에
가끔 취객이 오물을 게워내면
늘 그 자리에 내려와 주워먹고
햇빛 속으로 날아가버리는 새가 있다

지하 단란주점에서
억장이 무너지는 사연이었을지
가슴 찢는 실연의 상처였을지는 모르지만
눈물 찔끔거리며 게워냈을 슬픔을
먹어치운 새를 생각하며
아직 물기젖은 빈 자리를 바라본다

지금껏 병문안을 가고
망자의 영정앞에 국화꽃을 바치면서도
참을 수 없어 왈칵, 토해냈을 밥알모양의 슬픔을
비켜가고 싶은 내 앞에,

어둠 속으로 날아와
낯선 누군가의 슬픔을 먹어치운

한 때의 은빛 하느님이
실루엣 눈부신 아침 하늘로 사라지는 것이다.

추사체를 읽다가

서귀포에 귀양간 김정희는 화가 나 이를 갈았지만
대정 앞바다 파도가 모난 바위를 깎아내리는 동안
성질머리도 죽어가고 외로움도 깊어갔다
잘 나가고 있을 때 쉬파리들처럼 모여들던 놈들
아무도 얼쩡거리지 않을 때
의리를 지킨 애제자 이상적에게
그림 한 장을 그리고 그 귀퉁이에 편지를 썼다

기마자세로 균형을 잡고 큰 붓 멀리 잡으면
기운이 팔을 타고 손 끝으로
손 끝에서 붓에 흘러 먹물이 된 정신이
화선지에 현현했다
모나고 거친 마음 안에 깃든 것들 다 내려놓고
한획 한획, 불인두처럼 찍히는데
거친 것을 당김으로써 글씨의 획이 편안해지는데
우물 속에 비친 것처럼 그의 이름이 맑게 나타나는데,

200년이 지난 어느 해 4월
바람도 없는데 배 한 척 화선지 위에서 허우적거렸다

온통 먹물을 뒤집어 쓰고 죽어갔다
한 해가 가기 전부터 나랏일 보는 놈들에게 세월호는 금기가 되었다
고시에 패스하고 대단한 벼슬에 오른 우리나라 먹물들
세한도 한 장 그렸다는 말 들은 적 없다
성박 백성들 주리 틀었다는 말만 무성한데,
추사체를 읽다보면 더러운 성질 죽여가는
송백 아래 생각에 잠긴 조선 선비 하나 보인다.

도시가 푸르다

공자가 제자를 가르칠 때 햇볕을 가려주던
논어나 사서삼경 같은,
성품이 밝고 휘어질 줄 모르는
상소문을 읽던 유생들이
번화한 길거리에 무성하다

이 유서깊은 나무는
빙하의 얼음구덕에서도 살아낸 족속이어서
끈질긴 참을성의 기운이 약성이 되니
부실한 몸에는 그만이라는 것인데
몸보신 생각에 장대를 들고 털었다

장대에 맞은 은행알이 떨어져 똥을 누는 늦가을
거리에 지독한 구린내가 풍긴다
매연과 시끄러운 가로등 곁에서 잠에 들지 못해
독을 품었기 때문이다

은행나무 열매를 만지면
미칠 듯이 온 몸이 가렵고 구린내가 나

아무도 그 나무 아래에서 글을 읽지 않지만
천덕꾸러기 유생들이
도시의 도로변에서 푸르다.

에이즈가 창궐하다

우리나라 산을 다 먹어버리고
마침내 바다 건너 제주도까지 접수했다
심산유곡에 모텔도 없고 홍등가도 없는,
발정난 개 한 마리 보이지 않는 산중인데
에이즈가 창궐하고 있다

한때는 궁궐의 대들보와 기둥이 되어
짱짱하게 나라를 받들던 소나무들이
남산 위에서 푸르른 기상으로
바람소리처럼 낭랑하게 책을 읽던 유생들이
기방출입 한 번 해보지 않은 선비들이
우환이 있을 때마다 한달음에 달려오던
우국충정의 의병들이

우아하게 먹고 마신 비만의 입맛들과
더 빨리 질주하는 속도의 자식들과
탐욕이 불륜에 빠져 있는 동안,
난이도 높은 체위에 열중하는 동안
은밀한 밀실에서 동성애를 즐기는 동안,

욕망으로 뜨거워진 이상기후가
임진왜란처럼 불온하게 북상하고 있다
서늘한 아침의 기운이 결핍된 소나무 등허리에
붉은 반점 꽃이 피어나고 있다.

마을과 숲의 거리

마을에서 멀지 않은 곳에 숲이 있었다
눈이 좋은 아우는 둥지를 잘 찾는 명수여서
알과 새끼를 내려오곤 했다

한 번은, 눈도 못 뜬 산비둘기 새끼 두 마리를 훔쳐왔다
새끼들은 어미인 줄 알고
아우의 손바닥과 어깨에 앉아 놀기도 하고
주둥이를 벌리고 보리알과 콩알을 잘 받아 먹었다
어미가 된 산비둘기들은
담장 위까지 날아갔다가 돌아오고
날개가 가벼워지자 마을을 한 바퀴 날다가
다시 돌아왔다
몸에 배인 야성은 산비둘기들을 숲으로 향하게 하였는데
몇 번은 마을에 돌아왔지만
끝내 돌아오지 않았다

처음엔 마을이 고향이고 어미인 줄 알았겠지만
숲에 갔다가 자신들의 근원을 직감했으리라
산비둘기는 숲에서 살고 인간은 마을에서 사는 것도

알았으리라
　연어의 귀향처럼 숲으로 돌아갔을 것이리라

　그러나 중풍 걸린 할머니가 숲으로 가고
　이른 나이의 아우도 숲으로 돌아갔느니
　마을과 숲의 경계란 무엇인가
　마을과 숲의 거리
　인간과 자연의 거리, 얼마쯤인가.

흘러갔다

하늘에 강이 흐르고 있었다
아버지는 그 강물이 우리 지붕 위로 흐를 때쯤
쌀밥 먹을 수 있다고 하셨다
허기보다도 궁금했던 것은
어디에서 발원해
어디로 흘러가는지
유성처럼 죽어가는 것들의 근원이었다

꼬리를 흔들며 하얀 강물이
늦가을, 지붕 위로 흐를 때
강물 아래 기러기 떼 지나가고
뒤이어 좇아가는 길 잃은 기러기처럼
찬이슬 내리는 밤하늘의 하얀 강물 아래로
혼자서 흘러갔다
때로는 밤새 눈짓하고 제 존재를 드러내며
가뭇없이 하늘을 가로질러 흐르는 강물소리 들으며
아침이 올 때까지
강물이 어디에서 시작하여 어디로 흘러가는지
우리가 어디에서 왔다가 어디로 가는지
하늘을 가로지르는 은하수를 보며 혼자 흘러갔다.

재생을 꿈꾸다

반품되어 돌아온 시들의 종명지는 고물상이어서
저울 위에서 마지막 체중을 단다

농기구와 총알이 될 수 있는
철이나 구리 같은 쇠붙이가 될 수 없는 것은
본시 무르고 유약한 집안 내력이지만,
그래도 천만 다행인 것은
이 세상 모든 시들이 평등하게 가격이 매겨지고
재생의 길을 갈 수 있다는 것

누군가가 보내준 시집은
한때 다른 이름표를 달고 있었다는 것,
시가 무기도 될 수 있다고 하지만,
일찍이 그러한 신념을 버린 나는
나의 시들이 겨울 군고구마 장수가 담는
뜨거운 봉지가 되기를 빈다.

고물이 된 詩

서점에서 독자들이 시를 들었다 놓았다 하는 동안
시의 모서리가 닳고 낡아갔다
먹다 놔둔 사과처럼 붉게 썩기 시작했다
유통기간이 지난 시들은 마침내 고물이 되어
출판사에 돌아왔다
해머를 맞은 소가 더 이상 소가 아니듯
시는 유효기간이 지나 고물이 되었다
음식은 유통기간이 지나면 썩어 버려지지만
스무 살 청년처럼 팔팔했던 시는
그저 고물이 된다
고물상 야적지에 낡은 시를 사정없이 던지는데
송장처럼 무겁다
그래도 얼마나 다행인가
하루 종일 고물을 주워 팔면 몇 천 원이지만
시 수천 편을 팔아 사만이천 원이니
쌀 20kg은 살 수 있겠다.

허리 휜 리어카

인쇄소 골목 낡은 리어카 한 대
명절에도 인쇄거리에 나와
누군가의 선물을 닮았을 빈 사과박스를 실은 뒤
셔터가 내린 상가 앞에서
길게 담배연기 내뿜던 리어카.
퇴근길 자동차들 경적을 울려대도
좀처럼 희망이 되지 않는 무덤처럼 봉긋한 폐지 가득 싣고
두 바퀴가 가는 길은
언제나 오르막길이어서
휜 등에 짊어진 무게에 끌려가거나
얼굴에 힘줄 튀어나오도록
남루한 生을 굴리며 간다
오늘도 인쇄소 앞에 내놓은 폐지를 싣고
맘씨 좋은 약국 아저씨가
힘내라고 내민 드링크제를 마신 후
자신의 몸보다 더 무거운 生을 끌고
두 바퀴 휘청거리면서도
가픗한 불빛 향해 굴러간다.

십자가

성당 첨탑의 십자가
안테나 같아
지상과 하늘의 비밀한 말씀
교신하는 것 같다

하늘에 바람 스치우는데
바람 속에 실려온
세상의 더러운 말들 세탁하고
크리스마스 이브에 내리는 눈처럼
은총의 말씀들로
때에 찌든 세속에 세례를 줄 것 같다

분하고 억울해서 술 마신
도저히 견딜 수 없어 투신하고 싶은 사람들의 저녁
어둠 속의 십자가
속 터지는 사람에게, 가엾은 사람에게
따스한 손을 내밀 것 같다.

유난히 맑은 저녁답

하늘에 별이 반짝이는데
때묻지 않은 태초의 말씀
들려주실 것 같은
혼자서 외로이 어둠을 지키는
성당 첨탑 끝의 울고있는 십자가.

은하열차

먼 데서 해가 뜨고 해가 지는
우주의 광야를 지나며
죽어 별이 된 사람들이 꽃밭을 이룬 마을을 지나
별들의 징검다리를 건너고 있다
철길 옆 밥 짓는 연기 피어오르는 어느 마을을 지나
내 기차는 지금 황소처럼 뜨거운 입김 내뿜으며
숨가쁘게 안드로메다를 스치우지만
오랜 관성으로 달리는 것은 아닐까
사방에 길은 많아도 오직 외길을 가는 낯선 여정
어둠 속 별들 가뭇하게 졸음에 고개를 떨구면
눈꺼풀이 무거워진 열차는
깊게 숨을 들이쉬고 잠을 털어낸다
처음 분명한 목적지를 두고 떠난 열차는
어느새 가시넝쿨 우거진
무화과나무 음침한 그늘 속으로 도망치는 것이 아닐까
여행이 길어질수록 구도(求道)의 길은 보이지 않고
창문에 드리워진 비겁하게 도망치는 수배자의 모습 얼핏 보았다
어딘가를 향하는 줄 모르는 난파선 같은 여행은

플랫포옴 떠날 때의 의기양양한 소년이 그리운
지친 초로의 기관사이지만
여전히 사방이 어둠 뿐이어서
온통 수수께의 미지 뿐이어서
졸음을 쫓으며 내 은하열차는 길을 간다.

허물

햇볕 속에서
허물을 벗는 뱀을 본 적 있다
아주 천천히 제 살을 찢을 때
두꺼비 한 마리 나타나
뱀을 꿀꺽 삼켜버렸다

그늘 아래에서
허물을 벗는 매미를 본 적이 있다
맞지 않은 옷 벗고 젖은 날개를 말릴 때
사마귀 한 마리 나타나
매미의 목을 물었다

허물을 벗기 위해
목숨을 내놓는 것들,
가짜를 버리고 진짜를 만나기 위해
제 일생을 내놓기도 하지만,
사람은 허물을 벗지 못한다.

더러운 피 씻기 위해 날마다 비누칠을 하지만

가짜를 벗겨내지 못하고
나무들이 허물을 벗고 온 몸으로 겨울바람에 맞을 때
사람은 두꺼운 탐욕의 옷을 입는다.

산에 들다

산 속에 들어가니
지금껏 보지 못했던,
한 번도 생각하지 못한
귀도 없고 입도 없는 세상이 펼쳐졌다

한나절, 심마니처럼
숲을 헤치고 돌아다녀도
내 발에 밟힌 것들
아무도 비명 지르지 않았다
간혹 낯선 새들의 휘파람소리
숲을 순례하는 바람의 옷자락만 펄럭였다

나무들의 숨소리 하나 들리지 않아도
푸른 불들이 마구마구 타오르고
오리나무가 칡넝쿨에 결박당했어도
내색 않고 함께 하늘로 오르는데
큰 나무는 제 그늘 아래
어린 나무들을 기르고 있었다

이윽고 산정에 올라 바라보니
떠나온 사람의 마을에
매연과 먹구름이 잔뜩 드리워 있었다.

완주

봄부터 달려왔다
석류는 얼굴이 상기돼 입을 벌리고
씩씩거리며 시디신 침을 흘리며
마지막까지 완주했다
태풍도 없고 가뭄도 없었지만
어찌된 일인지 감나무는 벌레먹어
멍이 든 채 떨어져 몇 개 안 남았다

초등학교 때 늘 지각했던 나는
마라톤 선수가 부러웠다
학교가 파하면 어깨에 책보 질끈 메고
부리나케 집으로 달려갔다
달리기를 잘했던 고등학교 때 짝꿍은
땡감처럼 떨어져 버렸는데
여지껏 숨가쁘게 질주해 온 나는
오늘은 상가에 간다

아직도 길은 아득한데
단맛이 들지 않은 나는

가을로 접어드는 나뭇가지에 매달린
떫은 땡감이다.

나무·활

하늘을 향한
버릴 수 없는 본성은

솥에 삶을수록
화염에 화상 입을수록
근육 질기고 단단해져
팽팽한 순치의 목졸림에
절대 투항하지 않는다

온몸을 휘어맬수록
꺾이지 않으려는 저항의 힘은
정교한 이성으로 무장된
욕망과 폭력의 표적을 조준한다

무른 나뭇가지가
활이 되는 시대에
나무는 여전히 하늘을 향한다.

거미줄

정원 나무마다 거미줄이 처져 있다
자꾸 막대기로 거미줄을 걷어내어도
하룻밤 지나면 또 처져 있다

자물쇠 잠궈진 창고에 문을 열고 들어가면
거미줄이 얼굴을 포획한다

사방은 거미줄 천지이다
나무와 나무 사이,
관계와 관계 사이
거미줄 걷어내는 막대기 끝에서도
꽁무니로 거미줄 뽑아내듯이
끊임없이 거미줄을 치고 있다

사냥꾼이 산중에 덫을 놓듯이
누군가가 자주 가는 길목에
잘 보이지 않는 거미줄을 칠 때
나는 즐거운 식사를 위해 거미줄을 친다.

철없는 개

세상의 모든 새끼들은 철없는 것이어서
애써 키운 화분을 파헤쳐 놓기 일쑤이다
꽃을 키우는 마음은 사람의 일일 뿐
강아지에게는 한낱 심심풀이 장난감,
사물의 가치를 모른다
몇 번을 타일러도 공염불이 될 때면
머리를 쥐어박아주고 싶다가도
1억년을 진화해도 바뀌지 않을 철없음에
순치하기를 포기하고 함께 놀기로 했다
그러자 무슨 영문인지도 모르는 맑은 개의 눈동자가
심연을 투시하듯
내 눈을 빤히 들여다본다.

3

아버지의 구두

아버지의 자리

아파트 복도에 의자 하나 마련해 드렸더니
의자에 앉아 밖을 내다보신다

퇴근하여 문득, 의자에 앉아 바라보니
날마다 아버지가 무료하게 바라보았을 십자가
그 위에서 만나는 아버지

떠나기도 하고 돌아오기도 하는 주차장 차들처럼
목적지를 향해 나가고 들어왔을 분주한 生이
오늘은 고요가 되어 갈앉는다

손이 부릅트도록 일군 전답들이
저만치 산 어깨에 겹치는가
때로는 무릎 꿇고 밤새 드리던 통성기도가
붉은 십자가 불빛으로 반짝이는가

쭈그러지고 작아진 아버지가 물끄러미 앉아 계시던
어둠 속의 그 자리에 앉아
아버지의 길을 보려 하지만

쉰두 살의 길에서 늙고 병든 아버지와
내가 걸어온 발자국을 따라오는
아이들의 발자국만 보일 뿐
아버지가 바라보시는 길 보이지 않는다

하루 종일 의자에 앉아
구순에 이른 생각의 촉수와 파문이 일렁이는
어느 지점을 바라보고 있을 것 같은
그 무엇을 바라보지 못하고
나는 오랫동안 어둠 속에 앉아 있었다.

아버지의 이

뿌리 드러낸 고목처럼
하나 남은 아버지의 이,
우리 가족이 씹지 못할 것 씹어주고
호두알처럼 딱딱한 생 씹어 삼키기도 했던
썩은 이 하나가
아직도 씹을 무엇이 있는지
정신을 놓아버린 채 든 잠 속에서도
쓸쓸하게 버티고 있는가

머나먼 천국

서울 지나 젊은 날의 아픈 추억이 배인
북간도 지나 쓸쓸한 시베리아 추운 길 지나
아이슬란드거나 북극 건너
별빛 아득한 우주 어디께인 줄 알았는데
넉 달 전에 눈 맞으며 길 떠난 아버지
아직도 경부고속도로 천안 부근
전라도길 해남 어디께를 돌아다니며
이승을 떠나지 못하시는가

바삐 아버지의 차를 몰고
대처를 쏘다니는 쉰 넘은 아들 안잊혀
뒤를 쫓아다니며
천천히 가거라
쉬었다가 가거라
여적지 길 떠나지 못한
머나먼 천국 가는 길
오늘도 아버지 앞으로 날아온
범칙금 고지서.

아버지의 구두

아버지 돌아가시자
누님이 유품 모아 불태워 버렸지만
내 구두인줄 알고 놔둔
고흐의 구두 같은 흙 묻은 구두

논두렁 밭두렁
질척거리는 길 걸었을
내 마음보다 한 치수 품이 넓은 구두
닦아도 쉽게 빛이 나지 않는데

아버지의 지문처럼 뒷굽 닳은 구두를 신고
내 길을 가면
아버지의 등을 밟은 것 같아
꺾어 신지 못하고
함부로 돌멩이 차지 못해
조심스럽게 길 건너갈 것 같은 구두

철모르는 아들 안 잊혀
이승에 남아 함께 길을 걷는
낡은 아버지의 구두.

아버지의 지팡이

몸을 지탱하지 못해
사드린 아버지의 지팡이

늙을수록
구부러진 길을 펴고 호통도 치며
자갈길 흙탕길 짚어가며
손에 꼭 쥐고 있었던 지팡이

아버지 따라 저 세상에 가지 않고
자갈 뒹구는 아들의 길 위에 남아
더듬거리는 지팡이는

낯선 길 앞에서 서성이는
아들의 길 위에서
자꾸 앞장선다.

아버지의 방

거실에서 바라보면
속속히 들여다 보이는 적나라한 방
누군가 꿈을 꾸면
가족들 잠 속으로 꿈이 스미는
거실에 매달린
뜨끈뜨끈 뎁혀진 우리집 방들

돌아가시기 전에
곤하게 잠든 아들내외 바라보시다가
공부하다 잠든 대학생 큰 손주방 바라보시다가
손녀딸 혼자 자는 방을 바라보시다가
밤새 컴퓨터 앞에 앉아있는
작은 손주 뒤태 한참을 바라보시다가
당신 방에 들어가 주무시듯 세상 떠나셨는데,
아버지! 이 세상 떠나기 전
무슨 생각 골똘히 하셨을까

나는 안다
아버지가 방마다 바라보며 하시던 생각

고구마 뿌리처럼
내 꿈 속으로 스며들어 열린 생각,
그래서 저승의 아버지 방문 앞에
하얀 국화꽃을 바치는 마음을.

아버지, 어딜 가셨나

저 이슥한 유년,
밤늦게까지 안 돌아오시면
우리 아버지 둠벙에 빠지셨나
어두운 밤길에 아버지를 찾아 당산을 헤매었다
그럴 때면 지게바작에 가득
짐승들 먹일 풀을 지고
당산 저수지 둑 위를 도깨비 불 같은 담배 입에 물고
어둠 속을 걸어 오시곤 했는데,

선산, 아버지의 봉분에 가니 아버지 안 계셨다
죽어서도 가만히 있으면 좀이 쑤셔 그냥 있질 못하고
아버지, 어딜 가셨나

선산 아래 우리 식구들 입에 풀칠하기 위해 판
화수분 같은 둠벙, 살뜨물 빛깔 달빛으로 거기 계셨다
봄날이면 민둥산에 나무를 심으시던
오리나무 숲, 검푸른 그늘로 거기 계셨다
허기진 60년대 산을 밭으로 개간하시던
밭뙈기, 붉은 황톳빛으로 거기 계셨다

개떡이 먹고 싶다고 하는 아이들을 위해 씨를 뿌린
푸른 밀밭, 밭가에 앉아 길게 담배연기 풀고 계셨다
선산을 휘둘러 심으셨던 무성한
밤나무숲, 거기에서 알밤으로 익고 계셨다

아버지 어딜 가셨나
뻔하지
좀이 쑤셔 또 일하러 가셨겠지
내일 모래 추석
선산 벌초를 하고 계시겠지.

인간적인 생각

어둡고 답답한 지하에서
숨도 못 쉬실텐데 어쩌나
새로 쌓은 무덤 위의 잔디들이 말라가는
턱턱 숨 막히는 더위 속에서 어쩌나
바람에 싸락눈 날리고
가슴에 살얼음 어는 저녁 무렵
우리 아버지,
홑적삼에 잠뱅이 입으셨는데 어쩌나

아니지, 죽은 사람이 무얼 알어
우리 아버지, 오랫동안 굶었는데 어쩌나 하는 생각도
무덤 밖 사람의 생각

액자 속에서 여전히 웃고 계시는데
벼꽃 패는 논 고요히 바라보시던 눈 썩었겠네
곡괭이질 삽질로 부르튼 손 썩었겠네
진창길 빙판길 건너가시던 발 썩었겠네
할렐루야, 찬송가 부르시던 입 썩었겠네
숱 많던 곱슬머리, 탈골한 해골 위에 가발처럼 남았겠네,

우리 아버지 사라지면 어쩌나, 생각하다가
아니지, 죽은 사람이 무얼 알어
또다시 생각하다가

이제 호흡기를 안 꽂아도 돼
빨리 죽어야겠다, 괴로워하지 않아도 돼
요단강 건너 좋은 데로 가셨을거야, 생각하는
오늘은 아버지의 생신날.

천국의 전화

귀신이 활개치는
새벽 네 시,
어김없이 천국에서 전화가 온다
구순이 다 된 우리집 조권사님
휴대전화기 알람 해제하시다가
버튼 잘 못 눌러 나를 깨운다

1은 하나님처럼 오직 하나뿐인 지존이어서
1은 외롭고 높고 깊은 것이어서
언제나 1을 바라보시는 어머니의 단축키 1은
당연히 하느님, 같은 큰 아들이지만,
알람 끄는 방법 가르쳐 드려도
어머니의 신앙은 만사형통 1을 누르신다

평생 새벽 네 시면 일어나 교회 가시는 천사와
평화아파트에서
거실을 사이에 두고
천사와 통화를 하는 새벽.

감사시오

엘리베이터가 문 열어줘도
감사시오
아들 승용차에 오를 때도
감사시오
새벽 기도길에 넘어져도
감사시오

늦가을이면 냉장고 가득 홍시를 쟁여두었다가
봄부터 가을까지
치매영감께 맛나게 홍시 내놓는
우리집 조권사님

기도할 때도
감사시오
손녀딸 얼굴 쓰다듬으면서도
감사시오
마음의 냉장고에
썩지 않는 맛난 오병이어
어머니의 감사시오.

엿기름

어머니의 일생은
키우지 못할 푸른 싹을 내미는 것이었다
언제나 그늘에 자신을 내다놓고
쭈글쭈글 늙어가는 것이었다

명절을 앞두고
부쩍 늙어갔다
기꺼이 자신의 몸을 맷돌에 갈면
흰 뼛가루가 흘러내렸는데
키우지 못한 푸른 싹이
식혜가 되고 단술이 되었다

팔순이 넘었지만
더 마를게 있는지
베란다에 자신을 널어놓고
말랑말랑 말라간다

요즘들어 비쩍 마른 몸에
커다란 젖이 퉁퉁 불어있다

그런 어머니에게서
어미개처럼 단내가 난다.

구불구불

옛날엔 길이란 길은 구불구불했다
새들은 하늘을 구불구불 날고
냇가의 물고기는 구불구불 헤엄쳤다
구불구불 날다보면 하늘도 맑아지고
하류에 이르다보면 흙탕물도 거울이 되었다
사람들의 걸음걸이도 구불구불해
천천히 길을 갔다

김삿갓이 선교동에서 하룻밤을 묵고
너릿재 옛길을 넘을 때
주막에서 술 한 잔 걸치고
구불구불 흘러갔다는데
오늘 너릿재 옛 주막터에서 바라보면
터널을 뚫고 질주하는 자동차소리
방천난 저수지 물소리 같아
직선으로 쏜살같이 달려가는
속도에 멀미를 한다

구부러지지 못하는 직선들이

자꾸만 구불구불한 마음을 죽이고
또다시 누군가를 쳐부수기 위해
주유소에서 욕망을 충전하는데,
제어하지 못한, 주체못한 욕망들이
커브에서 뒤집히기도 하거늘
나는 구불구불한 너릿재 옛 길에 퍼질러 앉아
전 속력으로 질주하는 직선들을 바라본다.

寒食

선산에 오면, 허기진 유년의 기억 때문에
가난하게 살아온 가문의 어른들의 무덤
김 무럭무럭 나는 고봉밥 같다

오늘은 후손들이 일년에 한 번 지내는 시젯날,
외롭고 버거운 가문의 내력으로
선조들이 마련한 밥의 의미를 되새기기 위해
산골짜기에서 찬밥 먹는 날

잘 먹고 잘 사는 세상이지만
무엇인가 자꾸 허기져서
흩어져 사는 우리 일가 모처럼 선산에 모여
기름지고 푸진 밥상 선조들께 올리고
어른들 수저 소리를 듣는다
술잔 돌리는 소리도 듣는다

차린 밥상 한없이 초라하지만
200년 허기로 집성촌 이룬 선산에서
갑오년 농민군으로 평생 걸식한 증조부 진지를 드신다

여순반란군 작은아버지 주먹밥을 드신다
우리도 그 곁에 앉아 찬밥을 먹는다.

소쩍새

날마다 소쩍새가 울었다

처남이 죽은 자리,
늙은 처남댁이 국화를 심은 그 자리에
낯익은 소쩍새 한 마리 날아와
국화꽃 누렇게 필 때까지
새벽까지 울었다

누님같은 처남댁은
차마 넋이 떠나지 못해 우는 것이라고
눈물 찍으며 소쩍새 소리를 들었는데
국화꽃을 피우기 위해 봄부터 소쩍새가 울었다는
미당의 말은 참말이다

처음 맞는 처남의 제삿날,
식구들 둘러앉아 음복을 할 때
하직인사 하려는 것인지
소쩍새가 한참을 울다 갔다

그날 이후, 보이지 않았다.

곡사포를 쏘다

우리나라에서 가장 큰 곡사포 부대에서 근무할 때의 일이다. 옆 부대 105mm쯤은 딱총으로 보여지는데, 이렇게 큰 포가 2600방향의 북쪽 어느 타킷에 떨어지면 그야말로 불바다가 될 것이다. 훈련 나갔다가 돌아와 포구와 포신을 열심히 닦다가 장난끼가 발동했다. 포구에 개구리를 잡아 넣고는 장약과 포탄을 뺀 채 뇌관만을 넣고 방아끈을 잡아당기자 개구리가 50m쯤 날아갔다. 죽은 줄 알았던 시커멓게 그을음 뒤집어 쓴 개구리가 펄쩍펄쩍 풀숲으로 뛰어가며, 참 별 일 다 있다는 듯 쳐다보는데, 무슨 생각에서인지 마음이 뜨거워진 나는 포탄 대신 들꽃을 꺾어와 포구에 넣고 우리가 겨누는 2600방향, 북녘 동포들이 감자를 캐고 있을 그 언저리 어딘가를 향해 방아끈을 잡아당겼다. 그러자 어린 포병의 철없는 마음이 폭죽처럼 밤하늘을 환하게 밝히며 수만 개의 꽃이 북쪽으로 날아가는 것이다.

4
청색시대

청색시대

청색은 왠지 슬프다
아무도 찾아주지 않는 우울한 토요일 밤
침침한 불빛 아래의 화실
카사게마스의 얼굴과 눈빛은 푸르다
그 시절 나의 밤을 뎁혀주는 것은
오직 푸른 연탄 두 장의 무게였다

그러므로 푸른색으로 세상을 바라보고
푸른색으로 생각하며 푸른색으로 말하는
청바지차림의 외롭고 가난한 노래는 쓸쓸했다
누군가 말을 붙이면 울 뻔 했던 나는
몸을 쥐어짜면 푸른 물이 줄줄이 떨어졌다

그 시절 사당동도 푸르고 종로도 푸르고
카사게마스가 묻힌 해창 바닷물도 푸르러서
캔바스에 푸르게 일기를 써내려갔는데
카사게마스의 무덤에
파랑새 한 마리 떠나지 않고 울곤 했다

슬픈 카사게마스,
무덤에 푸른 꽃을 바치면
이를 악물기 위해 노랗거나 빨간 꽃을 가져오라고 했다
곧 시들어 버리는 꽃에 쉽게 싫증난 그를 위하
무덤 앞에 살아있는 석류나무를 심어줬다
산을 내려가는 나의 등 뒤에서 내 아우 카사게마스는
잘 익은 석류를 떨어뜨려 주기도 하고
가을 억새 손으로 흔들어 주기도 하였다.

사라진 절벽

오랜 시간과 햇빛과 바람이 퇴적된
고향 바닷가의 붉은 절벽은 아찔했다

아슬아슬하게 허공에 매달린 휘어진 소나무
수직벽 곳곳에 지은 갈매기 둥지
반쯤 흘러내린 채 풍화에 사라지는 썩은 관
저녁 무렵이면 그 아래로 수많은 태양이 떨어졌다
누대로 마을은 무사했다

어느 해, 경지정리하기 위해 절벽을 밀어버리자
마을 청년들이 죽어나갔다
그때 아우도 죽음을 피하지 못했다
집짐승들도 쓰러졌다

위태위태하고, 아찔한 긴장이
마을에서 사라진 뒤였다.

치사한 식사

날마다 아침 점호가 끝난 후
밥을 얻어먹기 위해 편지를 썼다
"지금 광주 일원에서 자행되고 있는 폭동은 북한의 사주를 받은 불순분자들의 책동이오니 동요하지 말고 생업에 열심하기 바랍니다"
시민들이 계엄군과 맞서 싸울 때
불러주는 대로
군복 소매를 떨면서 편지를 썼다
겨우 두 살 짜리 조카가 시민군이 지나갈 때면
주먹밥을 나르던 누님의 품에 안겨 손을 흔들었다지만
나는 한 끼 밥을 얻어먹기 위해
날마다 광주를 향해, 허튼소리를 해댔다
참으로 치사한 밥,
그 밥에 침을 뱉으면서도
살기 위해 목구멍에 밥을 밀어 넣었다.

상여집

마을 뒷산 아래 초가집 한 채
대낮에도 무섬증이 일던 집
늙은 귀신이 산다는 그 집에
우리 어머니 시집 올 때 타고 오다 멀미했다는
꽃가마 같은 꽃자동차
할머니의 혼백을 달래며 선산으로 싣고 간
시동이 꺼진 채 어둑한 서까래 그늘 거미줄 아래
일생에 단 한 번 타는 자동차,
참 예쁘기도 해라
길이 없어도 들을 지나 산을 넘어
생을 건너 영원의 길로
노래부르며 천천히 쉬었다가 가던
마을 앞에서 부르릉 부르릉 시동을 걸어
뜨거워진 마음으로 즐겁게 당산뫼 넘어가던
그 꽃자동차 주차해 있던
뒷산 아래 초가집 한 채,
산으로 갔나.

겨울밤

밤늦게 까지 아들의 퇴근을 기다리더니
오늘은 초저녁부터 혼곤하게 주무신다
아버지 돌아가신 후 부쩍 수척해지신 어머니
한참을 바라보다가

우리 육남매 낳아준 엉치뼈
유치원생처럼 졸아든 키
한없이 가벼워진 몸, 주물러드린다
아이고 시원타 연발하면서도
이제는 됐다고 자꾸 그만 하라고 하신다

아내는 방에서 연속극 보고
아이들은 제 방에 처박혀 코빼기도 안 보이는
부엉이도 울지 않는 겨울밤,
한때 열두 식구 북적거리던 식구들
이승으로 저승으로 떠나고
어머니와 단 둘이 앉아
옛이야기 나누는 겨울밤.

집을 짓는다

일생에 단 한 번 집을 짓는다
비루한 움막이든
거대한 저택이든
마음이 뜨거운 새 둥지 같은 집

누에가 제 몸을 풀어
제 키와 무게에 알맞은 집을 짓듯
무덤 같고, 요람 같은
한 채의 집을 위해
망치질이다, 대패질이다

나 또한 집을 짓는데
잘 못 지은 집을 부수고
그 위에 견고한 집을 짓는데
망치는 손등을 때리고
대패는 속살을 벤다

이제는 마지막이다
성냥개피로 집을 짓듯

쌓았다가 부수고 다시 쌓는 집
지금껏 걸어온 걸음의 길이로 측량하고
내 손으로 들었던 生의 무게와
그 동안 읽었던 책을 짓이겨 벽돌을 만들어
견고하고 튼실한 집 한 채 짓는다.

내가 읽는 소설책

일생동안 읽고 있는
뻔한 연속극 같은 스토리
가슴 벌렁거리고 그리움에 가슴치던
오래 전에 읽은 대목도 지나가고
치고 박고 피터지던 스릴 넘치던 액션과
풀어야 할 미스테리도 없는 스토리

나는 지금 책의 어느 대목을 읽고 있는가

아이들 재롱에 행복해 하던 대목도 지나가
초저녁 둘만 남은 내외
말없이 텔레비전만 바라보는 더 넓어진 집,
눈빛만 바라보아도 깊은 속내 들여다보는
긴장감이 떨어지는 스토리이지만
책장을 넘기면 늦가을 빗소리에
텃밭의 봄동이 싹을 내민다
또 다시 책장을 넘기면
늦은 귀가의 아이들 걱정하다가
겨울 바람소리에 귀 기울이는 주인공들

소설이 막 시작됐을 때처럼
그립고 아쉽고 화끈하지는 않지만
초로의 소설가가 들려주는
온돌처럼 스며오는 밋밋한 재미에 빠져든다.

집

모두가 집으로 돌아온다
평수 작고 오래되어 누추해도
집이 그리워 돌아온다

권력도 자본도 되지 못하는
보잘 것 없는
그 집에 자꾸만 가고 싶어
병원에 입원한 아버지가 보채신다
아이들 학교 갔다가
변변하게 먹을 것이 없어도
집으로 돌아온다
마실나간 어머니도
낡은 가구가 천정을 떠받고 있는
집으로 돌아오신다

아버지와 어머니
아내와 자식들밖에 없는
집에 집착을 하는가
집을 짓기 위해 일생을 바치는가.

입에 식칼을 물다

목을 매자
따라죽지 못한 그녀가
시커먼 감나무 그늘에 혼자 버려졌다
함께 자고 밥을 먹던
얼음장처럼 식은 머리맡에 식칼을 놓았다
누군가 죽어서 소쩍새가 되었을 것 같은,
그 소쩍새 우는 소리에
뼈마디 사이로 얼음이 얼면
입에 식칼을 물고 소쩍새 소리 듣는다
바람 발자국 소리도 들리지 않는
혼자 뿐인, 목 맨 사람의 집이어서
자진할 것 같은 무섬증을 죽이기 위해
밤마다 울음 울어주는 끔찍한 소쩍새처럼
입에 식칼을 문다.

앤디 워홀의 사랑

복사는 온기가 없어 창조가 아니다
너훈아는 나훈아가 될 수 없고,
공장에서 대량으로 찍어내는 물건들과
인쇄기가 찍어내는 지폐들은 온기가 없다
그러므로 탐욕스럽다

식욕은 통조림과 우유를 복사하고
토마토와 델몬트를 복사하고
비만과 관음증인 나는
마릴린 먼로와 재키 케네디를 복사해왔다

사랑이여,
먼 길을 돌아온 나는 이제 너를 복사하려 한다
아버지와 어머니가 그랬듯이
네 생각이 날 때마다 한 장씩 꺼내면 온기가 전해져서
날마다 너를 껴안고
너의 입술에 내 입술을 포개어
너를 사랑하는 뻔한 짓에 질리지 않으며
너를 닮은 아이들을 복사하는 것은

그것이 생명의 고리이기 때문이다

나무가 수만 년 자신을 복사하고
짐승들도 원본을 복사한다
그러므로 사랑이 깃든 복사는
생명이 진화하는 일이다.

나무를 훔치다

아버지가 일생동안 가꾼
선산을 팔아먹어 버렸다
아버지 돌아가시도록
도저히 되찾기 힘들어
어스름한 새벽
남의 산이 된 옛 선산에서
후다닥
나무 한 그루 훔쳐왔다.

|해설|

실존적 체험의 언어를 삶으로 받아들이는 시의 성자

김 병 호
(문학평론가)

우리의 삶에는 명백하지만 마치 없는 것처럼 자리하고 있는 것들이 많다. 서양 명화 속의 거울이 그러하듯이, 삶은 많은 것을 드러내는 것보다는 더 많은 것을 감추고 있다. 존재와 부재, 실상과 허상은 항상 뒤엉켜 나타난다. 존재와 부재, 실상과 허상은 분리될 수 없으며, 말할 수 없고, 그려질 수 없으며, 보이지는 않는, 무한의 것들은 곳곳에 있다. 그러한 것들은 사람의 시선을 떠나서도 그 시선 안에서 암시된다. 숱한 예술사에서 알 수 있듯이 예술의 대상은 항상 어떤 영역이나 시선, 혹은 재현의 경계선 위에 자리함으로써 비가시적이고 유동적인 지점에 놓이게 되고 예술가는 이것들에게 표상을 가능하게 한다. 특히 예술가는 모든 것을 보이게 하면서 정작 자기는 보이지 않는 것, 혹은 모든 것을 움직이게 하지만 정작 자기 자신은 움직이지 않는 존재로 살아왔다. 이러한 경계가 예술의 궁극원인으로 작용하는 것이다. 시인 강경호 역시 문턱 위에 서있는 사람처럼, 행간 위에 서있는 시인처럼 교차와 운동의 전환 한가운데에 위치한다. 그는 "사람의 손이 닿지 못하는 높이"(「사람의 높이」)와 "인간과 자연의 거리"(「마을과 숲의 거리」)에서 "무덤 밖 사람의 생각"(「인간적인 생각」)을 살피는 일에 매료되어 있다. 이는 그의 시집 『잘못 든 새가 길을 낸다』에서 자명하게 드러난다.

일반적으로 인간의 삶은 무한하고 비가시적인 영역 위에서, 이 영역의 아주 작은 일부를 기호화하고, 이렇게 기호화된 체계 중에서 극히 작은 일부만을 다시 이해하면서 살아간다. 그것이 시이건 소설이건, 그림이건 영역의 재현은 다른 어떤 것으로 절대환원될 수 없다. 형식과 내용과 모습과 정체성이 시시각각 변하기 때문에 삶의 형식과 모습이며 또다른 정체성은 재현될 수 없다. 하지만 시인은 이러한 변화의 속성과 모습을 통해 오히려 우리 자신의 변화와 한계를 다시금 생각하게 만든다. 강경호 시인은 그 대상이 자신이든 아니면 자신의 시를 읽는 독자이든, 삶의 비가시적 경계의 영역을 인정하는 수용주체에게 삶의 가능성을 다시금 생각하게 의미화에 능한 시인이다. 그는 시집 『잘못 든 새가 길을 낸다』에서 시 안에서, 시 밖의 현실을 상기하면서 이런 재현을 통해 시행 사이의 현실이 얼마나 협소하고 불완전할 수박에 없는가를 항변한다. 눈에 보이는 여하한 것들을 의둔에 붙이고, 진리와 기호의 친숙한 유사관계에도 매번 의심하며, 재현 속에서 그 너머를 잊지 않는다. 죽은 '아버지'(「머나먼 천국」)와 죽어가는 '고양이'(「사소한 죽음」)와 가지가 잘려나간 '석류나무'(「가지를 자르다가」)와 거울이 된 '흙탕물'(「고요」)의 시행 속에서 정작 침묵을 하고 시선 바깥에 머물고자 하는 시인의 태도는 언어와 사고와 표현과 표상의 심연을 관통하는 시인으로서의 선택이며 의지이다. 시의 세계와 현실세계의 불가피한 간극을 드러내는 동시에 이를 극복하려는 강경호 시인의 갸륵한 노력이기도 하다. 따라서 시인은 대부분의 시편에서 시인으로서의 지각지평으로부터 벗어나 낯선 관찰자의 시선을 갖으며 그 의미를 드러내는데 주력한다. 이는 진정한 시인은 언제나 낯선 관찰자이며 경계선 위에 선 주체임을 이미 깨달은 성자의 면모이기도 하다.

강경호의 시는 기본적으로 독자 친화적 성격이 강하다. 행간에 폭력적 복선을 깔지도 않고, 시인만이 알 수 있는 기묘한 불구적 상징을 사용하지도 않는다. 말이 평이하고 의미가 돌출되지 않고, 상황의 설정도 생경하지 않다. 요즘 유행하는 말로 사이다의 뒷맛처럼 청량하다. 그렇다고 그의 시가 평범하거나 비속하다는 뜻은 아니다. 오히려 그의 시는 전통서정의 표현방식을 근저로 해서 자아 확인의 치열한 정신을 덧붙이고 거기에 시인을 둘러싼 세상을 향해 비판의 거리를 유지하고 있다. 즉 강경호의 시 세계는 평이하면서도 동시에 다른 이들과 구별이 되는 개성적 세계의 아름다움을 구축하고 있다. 이천년대 중반 미래파의 소동 이후 서정시는 마치 도산한 회사의 부도처리 제품 같은 편견에 시달리기도 했지만, 다시금 견고하게 복권되면서 문학의 본질을 관통하고 있다. 이런 서정시의 최전선에 강경호 시인이 서있다. 그의 작품을 읽으면서 느끼게 되는 독자의 감정 파고는 매우 잔잔하다. 작고 부드러운 움직임 속에서 그의 시선은 미세한 일상의 장면과 사물들을 놓치지 않고 그 속에 감추어져 있는 진실을 추적한다. 그가 시적 자양을 얻는 것은 대개 일상의 주변에 흩어져 있는 것들이다. 이를테면 새끼 고양이나 다람쥐, 앵두나무, 은행나무, 낡은 리어카, 운동하는 사람들, 폐지가 되는 시집, 붉은 절벽, 깨어진 거울 등 사소하고 흔한 일상의 풍경과 사물이다. 하지만 이번 시집에서 시인은 특별하게 아버지와 어머니, 아우 등의 가족과 자기성찰에 대한 비중을 높게 두고 있다. 여기에서 촉발된 시인의 상상력은 물질적 존재로서의 대상을 버리고 자아화가 되고 의미화가 되는데, 이 지점에서 그의 시는 그만의 독특한 세계를 획득하게 된다.

자아화라는 일종의 통과제의를 거치고 나면 이러한 의미들은 다시금 보편적 진실을 향해 눈을 뜨게 된다. 시인이 의도하는 시적 상황의 열림은 기묘하게도 외부를 향하기보다 시인 자신의 내면을 향하고 있다. 보편적 진실을 향한 메시지의 힘을 통해 시인은 자기완성의 모습을 그려내고 있는 것이다.

아버지 돌아가시자
누님이 유품 모아 불태워 버렸지만
내 구두인줄 알고 놔둔
고흐의 구두 같은 흙 묻은 구두

논두렁 밭두렁
질척거리는 길 걸었을
내 마음보다 한 치수 품이 넓은 구두
닦아도 쉽게 빛이 나지 않는데

아버지의 지문처럼 뒷굽 닳은 구두를 신고
내 길을 가면
마치 아버지의 등을 밟은 것 같아
꺾어 신지 못하고
함부로 돌멩이 차지 못해
조심스럽게 길 건너갈 것 같은 구두

철모르는 아들 안 잊혀
이승에 남아 함께 길을 걷는
낡은 아버지의 구두.

-「아버지의 구두」 전문

강경호의 이번 시집에는 몇 개의 죽음이 놓여있다. 아버지와 아우, 처남, 고양이 등의 어두운 죽음의 그림자는 시인의 현재를 삶과 죽음 사이에 놓인 아슬아슬한 간극, 죽음을 향한 원심력과 삶을 향한 구심력이 팽팽하게 맞서는 지점에 내려놓는다. 그들의 죽음은 단순히 현재의 시간 속으로 물밀려오는 아련한 추억이나 회한만이 아니다. 시인의 내면에 도사리고 있는 죽음은 시인이 찰나의 영원성을 체험하는 시간이 된다. 특히 아버지의 죽음을 표현할 때 시인의 이러한 내면 풍경은 더욱 심화된다. 아버지가 남긴 낡은 구두를 신는 화자는 현재의 시간 속에서 아버지의 삶을 되돌아보면서, 그 속에서 끊임없이 자신의 실존적 삶의 정체성을 확인하려고 한다. 이런 의식의 몸부림은 아버지의 구두를 통해 의미화가 진행된다. 아버지의 구두는 화자의 "마음보다 한 치수 품이 넓은" 구두이고, "지문처럼 뒷굽 닳은" 구두이고, "철모르는 아들 안 잊혀/이승에 남아 함께 길을 걷는" 구두이다. 아버지의 구두는 시인의 현실적 삶을 지탱해주는 힘이며, 시인이 순정하고 무구한 마음으로 모든 사물들을 끌어안는 소박한 긍정성의 태도이기도 하다.

「아버지의 구두」에서 시인의 시적 상상력은 비판적 사유의 긴장보다는 대상에 대한 서정적 감응이 주는 어떤 위안의 세계로 기울고 있다. 시인이 지닌 시적 상상력의 기본 바탕을 이루고 있는 것은 시인의 마음의 의지처를 이루고 있는 육친이나 자연적 물상들에 대한 원초적인 친화감 내지 정서적 일체감이다. 그리고 그러한 대상과의 정서적 일체감의 내부에는 대상과의 절연 혹은 상실을 받아들이는 시인의 순정한 마음과 자신을 포함한 인간 삶의 고단함과 힘겨움에 대한 깊은 연민의 시선이 깃들여 있다. "아버지가 방마다 바라보며 하시던 생각/고구마 뿌리처럼/내 꿈 속으로 스며든 생각"(「아버지의 방」)을 알겠다하고, 시집의 제일 마지막에 놓인 작품에서는 "남의 산이 된 옛 선산에서/후다닥/나무 한 그루 훔쳐왔다"(「나무를 훔치다」)고 하는 고백 역시 이러한 심정에서 멀지 않다.

> 옛날엔 길이란 길은 구불구불했다
> 새들은 하늘을 구불구불 날고
> 냇가의 물고기는 구불구불 헤엄쳤다
> 구불구불 날다보면 하늘도 맑아지고
> 하류에 이르다보면 흙탕물도 거울이 되었다
> 사람들의 걸음걸이도 구불구불해
> 천천히 길을 갔다

김삿갓이 선교동에서 하룻밤을 묵고
너릿재 옛길을 넘을 때
주막에서 술 한 잔 걸치고
구불구불 흘러갔다는데
오늘 너릿재 옛 주막터에서 바라보면
터널을 뚫고 질주하는 자동차소리
방천난 저수지 물소리 같아
직선으로 쏜살같이 달려가는
속도에 멀미를 한다

구부러지지 못하는 직선들이
자꾸만 구불구불한 마음을 죽이고
또다시 누군가를 쳐부수기 위해
주유소에서 욕망을 충전하는데,
제어하지 못한, 주체못한 욕망들이
커브에서 뒤집히기도 하거늘
나는 구불구불한 너릿재 옛 길에 퍼질러 앉아
전 속력으로 질주하는 직선들을 바라본다.

-「구불구불」 전문

시인은 현대사회의 파시스트적 가속도에 주목하고 있다. 우리의 생활을 반인간적으로 급격하게 기울게 하는 '속도'와 인간적 행복에 대한 의심을 거두지 않는다. 인간이 기계에게 속도의 능력을 위임하고 욕망을 주체하지 못하면서, 인간의 행복은 오히려 망각의 잿더미 속에서나 찾아야 할 과거가 되어 버렸다고 판단한다. 화자는 속도의 유혹에서 벗어나 인간적인 지켜내려는 마지막 방어선을 찾는다. 속도에 제동을 걸고 시간을 과거로 되돌리기 위해 '너릿재 옛 길'에 앉아 있는 화자의 모습은 느림과 기억 사이의 유기적 친연성을 드러낸다. 소설가 밀란 쿤데라도 그의 작품 『느림』에서 우리 시대는 속도의 악마에 탐닉하고 있으며 그래서 너무 쉽게 자신을 망각한다고 피력한 바 있다. 우리시대는 속도의 욕망에 사로잡혀 있으며 이 욕망을 충족시키기 위해 속도를 탐닉하는 악순환을 되풀이하고 있다는 것이다. 속도는 이미 우리 생활 깊숙한 곳까지 전면적으로 침투해 있으며, 우리의 의식과 생활의 실제는 이러한 속도에 심각하게 직면해 있다.

화자는 "너릿재 옛 주막터에서" "터널을 뚫고 질주하는 자동차"를 바라보고 있다. '자동차'와 '주유소' 그리고 '직선의 속도'를 바라보면서 화자는 구불구불 날던 새와 구불구불 헤엄치던 물고기를 그려내고, "구불구불 날다보면 하늘도 맑아지고/하류에 이르다보면 흙탕물도 거울이 되었다"는 인식에까지 다다른다. 그의 시는 궁극적으로 인간과 사물 사이의 정서적 일체감이 가능했던 문법을 시도한다. 그의 언어는 구불구불한 옛 길과 일정한 정서적 거리를 유지하면서 '길'이라는 의미를 읽어내려 하기보다는, 그 대상을 자신의 주관적 정서 속으로 끌어들임으로써 대상과 인식 주체 사이에 놓인 거리를 무화시키려고 한다. 시인은 "제어하지 못한, 주체못한 욕망들"의 질주를 바라보면서 옛 길과 정서적 동화를 추구하는 있다.

"커브에서 뒤집히기도 하"는 속도는 "정교한 이성으로 무장된/욕망과 폭력의 표적"(「나무 · 활」)으로 심화되어 표현되기도 한다. 시인이 지닌 이러한 비판 의식은 유년의 평화와 자연의 고유함에 대한 강한 정서적 친화성에서 비롯된 것이며, 시인 자신의 생래적 정서에 바탕을 둔 것으로도 보이지만, 현대사회에서 급격하게 와해되고 있는 공동체의 정서와 이웃에 대한 생래적 친화감의 위기에서 비롯된 것으로도 보인다. 그의 시들이 기본적으로 서정시의 특징적인 언술 방식, 즉 대상과 그 대상을 바라보는 주체의 정서적 동일시를 바탕으로 하는 감정 이입의 언어들로 이루어져 있기 때문에 이런 독법이 가능한 것이다.

한 줄의 시도 못 쓰고 있을 때
길을 잘못 든
지금까지 보지 못한 새 한 마리 날아들었다
놀란 새는 내 관념의 이마를 쪼다가
출구를 찾으려 발버둥 쳤다
책에 부딪혀 깃이 빠지고 상처를 입은
새를 바라보는 동안 고통스러웠다
새는, 이 따위 답답한 서재에서는 못 살아 하며
푸른 하늘과 숲을 그리워하면서도 쉽게 나가지 못했다

두렵고 궁금하고 불량하고 불온하고 전투적인
피투성이가 된 새를 바라보는 동안
나도 피투성이가 되었다
새가 소설집에 부딪치고, 시집에 부딪치고
진화론에 부딪치고, 창조론에 부딪치는 동안
산탄처럼 무수히 많은 새끼를 낳았다
새는 겨우 출구를 찾아 날아가 버렸지만
새가 낳은 수많은 새끼들
내 마음의 서재에 살게 되었다
또다시 잘못 든 새가 그립다.

-「잘못 든 새가 길을 낸다」 전문

강경호 시의 또다른 미덕은 시적대상을 철저히 관찰하고 새로운 이미지로 구현하는 것이 아니라 대상을 마음으로 느끼고 그것과 일체가 되려는 마음의 움직임에 있다. 그의 마음 속에 날아든 새를 품고 그리워하는 가슴앓이의 본질이 바로 강경호 시의 핵심이라고 할 수 있다. 그는 눈으로 보고 귀로 듣는 가시적 차원에서 시를 쓰는 것이 아니라, 그것을 마음으로 느끼고 호흡함으로써 현상적 차원에 내재된 어떤 본질적인 것을 포착하고 이끌어내는데 능하다.

우리가 관습적 의미에서 시의 정의를 대상에 대한 비유로 규정한다면, 그 대상은 우리가 흔히 접하는 현실의 구체적인 것이거나 혹은 내면세계 그 자체가 될 수도 있다. 그런데 강경호의 시는 그리 단순 대상을 시화하는 것이 아니다. 현실의 대상을 경험적 시각으로 인식하되 그것을 다시 마음을 통해 느낌으로써 가시적 대상에 내재된, 보이지 않고 들리지 않는 본질적인 것을 시화하려고 한다. 그는 우리에게 익숙한 관습적 의미의 시에서 벗어나 대상을 감각적으로 이미지화하여 변용시키는 시를 쓰려고 하지 않는다. 대신 내면의 풍경을 그려내는 마음의 시를 쓰고자 한다. 세상을 바라보는 인식의 깊이를 심화시켜 더욱 성숙된 내면의 풍경을 그려낸다. 세상을 읽어내는 보다 깊이 있고 성숙된 시적 인식을 확보하기 위해 관습적인 시쓰기에서 벗어나 있다. 대신 자신이 가슴앓이를 하면서 힘들어하는 내면을 그대로 펼쳐낸다. 그의 시편들은 가시적인 것에만 매달려 그동안 무심히 지나쳤던 것들 속에 내재된 소중하고 고귀한 본질을 마음을 통해 느끼게 한다. 현상 속에 내재된 본질적인 것을 마음으로 느끼고 그것과 일체가 되려는 것이 강경호 시쓰기의 본심이 아닐까, 생각된다.

시원의 세계를 향한 예술가의 욕망은 언제나 어떤 몰락, 어떤 소멸의 이미지와 겹치게 된다. "깃이 빠지고 상처를 입"고 "피투성이가 된" 새의 이미지는 오히려 좌절된 시원성의 세계에 대한 시인의 갈망과 관계한다. 이 시대의 시인으로서의 삶에 대한 고통스러운 자의식은, 이 시대에 시를 쓴다는 것, 시인으로서 존재한다는 것이 무엇인지에 대한 끊임없는 물음과 긴밀한 연관을 맺게 된다. 시가 이미 삶에 대한 어떠한 전체성의 비전도 제시해 줄 수 없는 시대, 무의미하게 반복되는 일상적 삶 속에서 상투화되고 세속화된 가치들이 시원의 신성성을 차단한 시대, 시인은 시인으로서의 운명을 감내할 수밖에 없는 삶을 살아간다. 시인으로서의 비극적 운명에의 예감은 "피투성이가 된 새를 바라보는 동안" "새가 소설집에 부딪치고, 시집에 부딪치"는 동안 화자가 피투성이가 되는 순간 마주하게 된다. 이러한 서정적 감정 이입의 정서는 시인이 지닌 시에 대한 순정성이며, 이는 그의 시들이 우리의 마음속에 불러일으키는 따뜻한 울림으로 이어진다. 시인의 상상력 속에 깃들여 있는 투명한 단순성, 결국 예술을 향한 사심 없는 무욕의 시선과 깊은 관계가 지어진다.

겨울 강물 속에 발 담근 왜가리 한 마리
반신욕을 하는 것이 아니다
수력발전소를 돌리고 있다
발끝을 타고 오르는 차가운 기운을 에너지 삼아
전기를 생산하고 있다

강가에서 달리기를 하며 몸을 푸는
새벽운동을 하는 사람들
헉헉거리며 마스크 밖으로 입김을 내뿜고
한 켠에서는 운동기구에 매달려 몸을 단련하고 있지만,
그들이 생산하는 열기보다 용량이 많은 전기를
가냘프고 연약한 왜가리 한 마리

꽁꽁 언 강물을 뎁히고도 남는 차가운 정신으로
발 끝에서 부리 끝까지 축전하고 있다

電氣는 토스트를 굽고, 찌개를 끓이고
공장을 돌리는 것만 하는 것이 아니다
불처럼 차가운 마음들을 감전시키고,
극한에서도 흐트러지지 않는 정신을 일으킨다.

-「푸른, 수력발전소」 전문

이전 시집들에 비해 이번 시집에서 두드러지는 강경호의 시적 정서는 근본적으로 지속되는 분열의 상태, 혹은 대립적 긴장의 상태를 오래 참아내지 못하는 특성을 보여준다. 이것은 그의 시들이 긴장이나 고통에 대한 내성이 강하지 못해 화해의 제스처를 욕망하는 것이 아니다. 시인의 현실인식이 심정적이라거나 피상적이라는 혐의를 불러일으키기는 것도 아니다. 그의 작품들을 근본적으로 헤아려보면 대개가 대상과 맞서기 보다는 대상 속으로 스며듦으로써 그 대상을 자신의 내면적 정서를 투영하는 매개물로 삼는 경우가 다수인 사실을 쉽게 목격할 수 있다. 시인은 시적 대상을 자신의 정서적 동심원 안에서 통합해버리는 강한 은유적 특성을 보여준다. "겨울 강물 속에 발 담근 왜가리"가 "수력발전소를 돌리고 있다"는 인식은 그의 시적 정서가 논리나 분석 이전에 하나의 직관의 형태로 세계를 인식하고 있음을 보여주는 예로

부족함이 없다. 그 직관적인 정서는 강한 삼투압 작용을 통해 이질적이거나 분열적인 상태로부터 그 이질성을 제거하고 분열된 상황을 정서적 평정의 상태로 유도하려는 경향이 강하다. 시인은 여기에서 한걸음 더 나아가 단순한 평정의 상태가 아니라 희망을 찾아 삶에 대한 건강한 믿음과 인간의 본성에 대한 긍정적 시선을 유지하고 싶은 욕망으로 확대한다. 수력발전소를 가동시키는 원동력은 바로 "꽁꽁 언 강물을 뎁히고도 남는 차가운 정신"이라고 역설한다. "발 끝에서 부리 끝까지 축전하고 있"는 "가냘프고 연약한 왜가리 한 마리"는 시인의 또다른 분신이다. 겨울의 차가운 강물, 사람들의 차가운 마음에 함부로 몸을 내맡기지 않은 채 끊임없이 자신을 추스려 세우려는 시인의 고고한 정신은 시인이 지향하는 시인으로서의 견고한 의지라고 할 수 있다. 외부적 상황이 가해오는 고통이나 억압은 화자의 자기 정체성을 균열시키고자 하지만, 화자는 이에 굴하지 않고 보다 궁극적인 의미에서 그것을 더욱 단련시키는 힘으로 전환시킨다. '왜가리'는 확고한 자기 정체성을 통해 외부의 고통이나 절망으로 흔들리지 않는 시인의 고고한 정신을 은유하고 있다.

청색은 왠지 슬프다
아무도 찾아주지 않는 우울한 토요일 밤
침침한 불빛 아래의 화실

카사게마스의 얼굴과 눈빛은 푸르다
그 시절 나의 밤을 덥혀주는 것은
오직 푸른 연탄 두 장의 무게였다

그러므로 푸른색으로 세상을 바라보고
푸른색으로 생각하며 푸른색으로 말하는
청바지차림의 외롭고 가난한 노래는 쓸쓸했다
누군가 말을 붙이면 울 뻔 했던 나는
몸을 쥐어짜면 푸른 물이 줄줄이 떨어졌다

그 시절 사당동도 푸르고 종로도 푸르고
카사게마스가 묻힌 해창 바닷물도 푸르러서
캔바스에 푸르게 일기를 써내려갔는데
카사게마스의 무덤에
파랑새 한 마리 떠나지 않고 울곤 했다

슬픈 카사게마스,
무덤에 푸른 꽃을 바치면
이를 악물기 위해 노랗거나 빨간 꽃을 가져오라고 했다
곧 시들어 버리는 꽃에 쉽게 싫증난 그를 위해
무덤 앞에 살아있는 석류나무를 심어줬다
산을 내려가는 나의 등 뒤에서 내 아우 카사게마스는
잘 익은 석류를 떨어뜨려 주기도 하고
가을 억새 손으로 흔들어 주기도 하였다.

-「청색시대」 전문

이 작품은 아버지의 죽음에 이은 또다른 육친의 죽음

을 배경으로 하고 있다. 시인은 아버지의 죽음보다도 아우의 죽음에서 한층 더 절박한 고통의 육체성을 수반하고 있다. 시인을 사로잡고 있는 고통의 밑바닥으로부터 솟아올라 시로 응고된 듯한 언어들은 화자가 겪고 있는 내면의 고통을 구체적 실감으로 전해준다. 각별했던 친구 카사게마스(Casagemas)를 잃은 피카소가 그 충격에서 벗어나지 못한 채 파란색으로만 그림을 그리고, 파란색 옷만 입고 다니면서 차갑고 쓸쓸한 절망을 온몸으로 감당해냈던 것처럼 화자 역시 아우를 잃은 슬픔을 이에 비유한다. 화자는 자신의 의식 내면으로 파고들어가 "오직 푸른 연탄 두 장"으로 버티었던 "그 시절 나의 밤"에 켜켜이 파묻혀 있는 지나간 기억의 화석들을 커내려 "캔바스에 푸르게 일기를 써내려"간다. 여기에는 시간의 망막 저편으로 사라져가는 아우를 자신만의 이미지로 부활시키려는 시인의 간절한 욕망이 감춰져 있다. 그리고 상심의 한복판에 있던 화자는 오히려 죽은 동생에 의해 절망을 극복하는 새로운 인식의 모습을 보여준다. 화자는 "곧 시들어 버리는 꽃에 쉽게 싫증난 그를 위해/무덤 앞에 살아있는 석류나무를 심"는다. 그런데 이 행위는 단순히 화자의 자발적 움직임만이 아니었다. "이를 악물기 위해 노랗거나 빨간 꽃을 가져오라"는 동생의 간절함으로 화자는 소멸하는 현존의 찰나적 삶, 공허한 무의 현실 속에서 아우를 지켜내게 된다. 이는 현존의 삶의 상실을 이미지의 환각에 기대어 아우를 불멸의 죽음으로 살려내는 것이 아니다. "몸을 쥐어짜면 푸른 물이 줄줄이 떨어"질 정도로 절망에 신음하는 형을 안타깝게 여기고 보듬어주고 싶어하는 죽은 아우의 간절함에서 비롯된 것이다. 육친을 잃은 고통의 언어들이 화자의 현재적 삶의 공간으로 흘러들어와 발설될 통로를 찾지 못한 채 뒤엉켜 있는 순간에 '아우 카사게마스'는 형을 다독인다. 절망의 푸른 색감을 극복하고 '잘 익은 석류'와 '가을 억새'의 색감으로 자신의 안부를 전하고 있다.

시집 『잘못 든 새가 길을 낸다』를 촘촘하게 읽어보면 우리는 강경호 시인의 시가 근본적으로 순수를 향한 형식임을 쉽게 간파할 수 있다. 그의 시들이 무엇보다 낭만적 서정시의 문법을 충실히 따르고 있으며, 구체적인 삶의 공간에 뿌리를 두고 있으면서도 밀폐된 내면적 정황을 놓치지 않기 때문이다. 특히 운명에의 각성을 통한 상실과 존재의 근원적 문제와 맞닥뜨리게 될 때, 시인은 구체적이고 현실적인 삶이 아니라, 삶의 내부 혹은 삶의 추상으로 환원하는 세계를 만들어낸다. 일반적으로 이런 시적 구도는 간접적 체험의 내면화에서 가지고온 관념이라는 혐의에서 벗어나지 못한다. 그러나 강경호 시인의 경우, 그만의 진정하고 절실한 생경험에서 구축되고 있다. 시인은 실존적 체험의 언어로서 삶을 받아들이고, 자신을 둘러싸고 있는 일상의 외부적 대상들을 낭만적 열정의 중심으로 끌어당기면서, 자기 동일성의 시세계를 구축하고 있다. 이때 내면의 풍경들은 구체적 체험적 현실을 향해 의식이 열려 있는 상태에서, 그 체험적 현실과의 적극적 부딪침에 의해 야기된 의식 내부의 굴곡들을 보여준다. 이러한 지점이 시인의 개성적 가치가 빛나는 부분이다. 시는 세상을 비추는 거울로서만이 아니라 이 거울을 바라다보는 자기 자신을 비추는 거울이기에 시인은 매일매일 닦는 일에 게을리 하지 않는다. 이렇게 시인 강경호는 자신 안에 머물면서 항상 그 밖을 응시하고 있는 성자의 모습으로 우리 시를 지켜내고 있는 것이다.

강경호 시집
잘못 든 새가 길을 낸다

2016년 6월 5일 인쇄
2016년 6월 15일 발행

지은이 | 강 경 호
펴낸이 | 강 경 호
인쇄 · 기획 | 도서출판 시와사람
등록 | 1994년 6월 10일 제 05-01-0155호
주소 | 광주시 동구 백서로 125번길 32-5(금동)
전화 | (062)224-5319
팩스 | (062)225-5319
E-mail | jcapoet@hanmail.net

ISBN978-89-5665-460-7 03810

값 10,000원

· 지은이와의 협의로 인지를 붙이지 않습니다.
· 이 책은 광주문화재단에서 제작비의 일부를 지원받았습니다.
· 잘못된 책은 바꾸어 드립니다.

공급처 ■ 한국출판협동조합

경기도 파주시 탄현면 오금로 30
주문전화 (02)716-5616, 070-7119-1740